DIE REIHE
Archivbilder

WIEN 12 – MEIDLING

EIN BILDERBOGEN

Wappen von Meidling. Rechts: Unter-Meidling, Hetzendorf, Altmannsdorf. Links: Ober-Meidling, Gaudenzdorf. 1890–1892 wurden die Gemeinden zum 12. Wiener Gemeindebezirk zusammengeschlossen. Stickerei auf einer Fahne des christlich sozialen Vereines Meidling, 1923, Bezirksmuseum Meidling.

DIE REIHE
Archivbilder

WIEN 12 – MEIDLING
EIN BILDERBOGEN

Hans W. Bousska

SUTTON
VERLAG

Sutton Verlag GmbH
Arnstädter Straße 8
99096 Erfurt
www.suttonverlag.de
Copyright © Sutton Verlag, 2000
7. Auflage, 2021

ISBN: 978-3-89702-300-0
Druck: Books on Demand GmbH, Norderstedt, Deutschland

Carl Lorens (mit Melone, links vom Gitarrespieler) im Kreis seiner Musikerfreunde, 1890.

Inhaltsverzeichnis

Plan des 12. Wiener Gemeindebezirkes Meidling aus dem Jahre 1930.

Einleitung

Im Zuge der großstädtischen Entwicklung der Haupt- und Residenzstadt Wien wurden 1890/92 auf Wunsch Kaiser Franz Joseph I. die Vororte außerhalb des Linienwalls in das Stadtgebiet einbezogen.

Meidling entstand als 12. Wiener Gemeindebezirk aus den einzelnen und selbständigen Gemeinden Altmannsdorf, Hetzendorf, Gaudenzdorf, Ober- und Unter-Meidling. Die Ortschaften liegen beiderseits des Schönbrunner Berges, einem Teil des langgestreckten Hügelzuges des Wienerberges, am Rande des Wienerwaldes. Der Hügelzug erstreckt sich in Ost-West-Richtung. An seinem nördlichen Ausläufer fließt der Wienfluß, der bis zur Regulierung Ende des 19. Jahrhunderts nach Regenfällen immer wieder aus den Ufern trat und für verheerende Überschwemmungen sorgte. An diesem Abhang, unmittelbar am Wienfluß, liegen die Ortschaften Gaudenzdorf, Unter- und Obermeidling. Auf dem Südhang, im Liesingtal, erstrecken sich die Ortschaften Altmannsdorf und Hetzendorf.

Im Jahre 1147 wurde der Ort Meidling als „Mwerlingen" erstmals in einer Schenkungsurkunde des Babenbergers Leopold III., der Heilige, erwähnt. Leopold schenkte dem Stift Klosterneuburg große Ländereien, unter anderen auch Meidling.

Die beiden Ortsteile Altmannsdorf und Hetzendorf können auf eine ähnlich lange Geschichte zurückblicken. Die erstmalige Erwähnung von Altmannsdorf, „Altmannisdorf", stammt aus dem Jahr 1138, die von Hetzendorf aus dem Jahr 1258.

An den Ausläufern des Wienerwaldes treten immer wieder schwefelige Heilwässer zu Tage. So auch in Meidling, wo wahrscheinlich bereits in römischen Zeiten die Bewohner diese Quellen nützten. Zwei Badeanstalten konnten ihre Dienste den Gesundheitssuchenden anbieten, das Pfann'sche und das Theresienbad. Der gute Besuch bewirkte, daß sich Meidling in der ersten Hälfte des 19. Jahrhunderts zu einem beliebten Kurort entwickelte.

In der zweiten Hälfte des 19. Jahrhunderts machten die technischen Umwälzungen auch vor Meidling nicht halt. Kleingewerbe siedelte sich an, Fabriken entstanden. Billige Bodenpreise und eine rege Bautätigkeit ließen Zinskasernen aus dem Boden schießen.

Im Jahre 1806 hatte sich der flußaufwärts gelegene Teil der Siedlung von Meidling getrennt. Er erhielt den Namen Ober-Meidling. Am nördlichen Abhang des Grünen Berges entstanden eine große Anzahl von Sommervillen, die wegen der Nähe zum Schloß Schönbrunn hauptsächlich von wohlsituierten Bürgerfamilien und Adeligen bewohnt wurden.

Entlang der Wien hatten sich die verschiedensten Gewerbe angesiedelt. Zuerst lebten hier hauptsächlich Fischer und Wäscherinnen, später Färber, Gerber und Fuhrwerker. Im Jahre 1818 erlaubte das Stift Klosterneuburg als Grundherr, daß sich dieser Ortsteil von Unter-Meidling trennen durfte. Es entstand die selbständige Gemeinde Gaudenzdorf. Wegen der unmittebaren Nähe zu Wien mit seinen Vorstädten siedelten hier hauptsächlich Handwerker und Gewerbetreibende.

Hetzendorf entwickelte sich um den Gutshof des Grafen Thun. Im Jahre 1742 erwarb Kaiserin Maria Theresia den Besitz und ließ ihn zu einem kleinen Schloß erweitern. Im 18. Jahrhundert entwickelte sich der Ort zu einem Villenvorort, der er bis heute geblieben ist.

Auf dem Gemeindegebiet von Altmannsdorf entstanden besonders Ende des 19. und Anfang des 20. Jahrhunderts ausgedehnte Farbikanlagen. Trotzdem konnte sich Altmannsdorf bis heute seinen ländlichen Charakter bewahren. Der Khleslplatz zeigt noch immer die ursprüngliche Form des Dorfangers mit der zentralen Dorfkirche. Er steht wegen seiner Einmaligkeit unter Denkmalschutz.

Das Bildmaterial entstammt dem Bezirksmuseum Meidling, Wien 12, Längenfeldgasse 13–15.

1

Gaudenzdorf

Das Gasthaus Franz Steiner lag an der im Jahre 1890 noch bestehenden Gaudenzdorfer Linie, heute Ecke Schönbrunner Straße/Gaudenzdorfer Gürtel.

Gastgarten des Gasthauses „Zum schwarzen Adler", bei der Hundsturmer Linie, ehemaliges Jagdschloß, Schönbrunner Straße, Ecke Gaudenzdorfer Gürtel, um 1900.

Das Brauhaus Gierster, Ecke Schönbrunner Straße 151/Gaudenzdorfer Gürtel, um 1890.

Der „Koksschani" aus Gaudenzdorf, 1917.

Das Gaswerk in Gaudenzdorf, Jakobstraße, heute Dunklergasse, um 1900.

Der Bau der Stadtbahnbrücke über die Wien erfolgte nach den Plänen des Architekten Otto Wagner im Jahre 1897.

Stadtbahn der Wientallinie mit Blick vom Storchensteg, im Hintergrund die Otto-Wagner-Brücke, 1929.

In der Arndtstraße 35 befand sich das Gasthaus der Anna Humbursky, hier nach dem Umbau im Jahre 1911. In die Fassade des Hauses war die ursprünglich freistehende Pestsäule eingebaut, im Bild rechts zu sehen.

Schönbrunner Straße 178, Hof mit Werkelmann, 1905.

Feuerwehrdepot von Gaudenzdorf, Arndtstraße 34, um 1900.

Schönbrunner Straße von der Korbergasse aus gesehen, Blickrichtung stadteinwärts, Ansichtskarte, 1900.

Gaudenzdorfer Feuerwehr, um 1900.

Der Taubenmarkt im Gasthaus Strohmeyer, Hofansicht, Aichhorngasse 11, 1924.

Die Arndtstraße bei der Einmündung der Malfattigasse, Blickrichtung stadteinwärts, 1930.

Fronleichnamsumzug vor der Fassbinderei Sedlak, Arndtstraße 20, 1924.

16

Der Lehrkörper der Knaben-Volksschule Gaudenzdorf in der Schönbrunner Straße 189 im Jahre 1890.

Das Grabmal des Komponisten Josef Haydn im Haydnpark, dem ehemaligen Hundsturmer Friedhof.

Die Notkirche „Zur unbefleckten Empfängnis Mariens" in Neumargareten an der Ecke Siebertgasse/Flurschützstraße im Jahre 1905.

Der Innenraum der Notkirche „Zur unbefleckten Empfängnis Mariens" in Neumargareten an der Ecke Siebertgasse/Flurschützstraße, 1905.

2

Unter-Meidling

Die Eiserne Brücke über den Wienfluß, genannt Lobkowitzbrücke, wurde im Jahre 1837 erbaut.
Diese Aufnahme zeigt ihren Zustand in der Zeit um 1894.

Stadtbahn-Haltestelle „Meidling-Hauptstraße" auf der Lobkowitzbrücke, nach Plänen des Architekten Otto Wagner, Aufnahme aus dem Jahre 1968.

Stadtbahn-Haltestelle „Meidling-Hauptstraße" auf der Lobkowitzbrücke, im Vordergrund die Schönbrunner Straße. Der Kiosk neben der Haltestelle gehörte dem Fußballspieler Zwazl, einem Mitglied des FC Wacker. Aufnahme aus dem Jahre 1968.

Die Innensperre der Haltestelle „Meidling-Hauptstraße" im Jahre 1968.

Die Haltestelle „Meidling-Hauptstraße" mit einer Stadtbahngarnitur der Linie DG, Donau-kanal–Gürtel, 1968.

Abbruch der Stadtbahn-Haltestelle „Meidling-Hauptstraße", 1968.

Ein Motortriebwagen der Straßenbahnlinie 63 an seinem letzten Betriebstag, dem 25. Februar 1959, Haltestelle beim Amtshaus Meidling, Schönbrunner Straße 259.

Die Stadtbahnhaltestelle „Meidling-Hauptstraße" nach dem Abbruch des Stationsgebäudes mit provisorischem Abgang zu den Zügen, 1968.

Die umgebaute Stadtbahnhaltestelle „Meidling-Hauptstraße" mit dem „8er" im Jahre 1976.

Schönbrunner Straße 259 und 261 mit der ältesten Apotheke von Meidling „Zum hl. Johannes von Nepomuk". An die Stelle der beiden Häuser kam 1912 der Erweiterungsbau des Magistratischen Bezirksamtes. Aufnahme um 1900.

Eingang in das Magistratische Bezirksamt mit der Apotheke „Zum hl. Johannes von Nepomuk", erbaut 1912, Schönbrunner Straße 259, um 1930.

Restauration Wächtler bei der Lobkowitzbrücke, erbaut 1868 nach Plänen des Baumeister Josef Rucker, Schönbrunner Straße 220, Aufnahme 1929.

Konditorei Wallner an der Lobkowitzbrücke, um 1900.

Das Magistratische Bezirksamt von Wien 12, Meidling wurde im Jahre 1912 erbaut. Die Aufnahme zeigt das Gebäude zwei Jahre nach seiner Fertigstellung.

Ein Blick in den großen Sitzungssaal des Magistratischen Bezirksamtes Meidling im 1. Stock der Schönbrunner Straße 259, 1920.

Das ehemalige Gemeindeamt von Unter-Meidling, Schönbrunner Straße 228, um 1900.

Das ehemalige Gemeindeamt von Unter-Meidling, Ecke Fabriksgasse/Schönbrunner Straße 228, 1930.

Schönbrunner Straße, Blickrichtung von der Schönbrunner Schlossstraße zur Ruckergasse.

Schönbrunner Straße mit Blick von der Ruckergasse, um 1960.

Meidlinger Hauptstraße 3–5 mit Martersäule, um 1890. In diesem Haus befand sich in den 1930er-Jahren mit dem „Schanghai" das erste Chinarestaurant Wiens.

Meidlinger Hauptstraße 3 mit Martersäule. Im Hintergrund ist der Turm der Pfarrkirche von Meidling „Zum Hl. Johannes von Nepomuk" zu erkennen, um 1950.

Die Meidlinger Hauptstraße 7 im Jahre 1899.

Meidlinger Hauptstraße 11, im Hof befand sich die Maschinenfabrik Carl Hoffmeister, 1899.

Meidlinger Hauptstraße, Blickrichtung von der Arndtstraße zur Lobkowitzbrücke, um 1960.

Restaurant „Zum Theresienbad", Ecke Meidlinger Hauptstraße/Hufelandgasse, im Hintergrund das alte Theresienbad, 1890.

Das Paterhaus, Blick zum heutigen Meidlinger Platzl, Meidlinger Hauptstraße 16, 1935.

Abbruch des Paterhauses am 24. Februar 1936, Meidlinger Hauptstraße 16.

Das Wappenhaus in der Meidlinger Hauptstraße, Meidlinger Platzl, 1963.

„Kreisverkehr", Meidlinger Hauptstraße, Blickrichtung zur Philadelphiabrücke, 1967.

Innenhof, Meidlinger Hauptstraße 19, 1914.

Meidlinger Hauptstraße 18, Aufnahme aus dem Jahre 1906.

Meidlinger Hauptstraße 19 und 21 im Jahre 1950.

Meidlinger Hauptstraße 14, das Putzhaus, und 16, das Paterhaus, im Jahre 1907.

Die Meidlinger Hauptstraße mit Blickrichtung Lobkowitzbrücke auf einer Correspondenzkarte aus dem Jahre 1903.

Meidlinger Hauptstraße 46, Ecke Pohlgasse, 1967.

Innenhof mit einem Straßenmusikanten, Meidlinger Hauptstraße 18, 1910.

Das erste „Fertighaus" Meidlings wurde in der Meidlinger Hauptstraße 35, an der Ecke Bony-
gasse, gebaut. Aufnahme vom Jänner 1962.

In der Hufelandgasse war der Eingang zum alten Theresienbad, 1900.

Wohngebäude im Theresienbad, 1900.

Theresienbad, Kassaraum, 1920.

Blick vom Schwimmbad des Theresienbades gegen das Hauptgebäude. Die Eröffnung des Freibades erfolgte am 20. Juli 1902.

Die Gartenanlage des Theresienbades betreute der Stadtgärtner Karl Ehmann, hier im Bild mit einer Gärtnerin, 1903.

Tarockpartie im „Theresiengartl" des Theresienbades, 1898.

Theresienbadpark nach Abbruch des ursprünglichen Theresienbades. Die Plankenwand grenzt den Platz von der Hufelandgasse ab. Im Hintergrund sieht man die Gebäude entlang der Ruckergasse, 1902.

Enthüllung des Künstler-Gedenksteines am 10. Oktober 1926 durch Bezirksvorsteher Alois Zanaschka, Ehrenwache durch Mitglieder des humanitären Geselligkeitsvereines „Die g'mütlichen Gatterhölzler", Theresienpark.

Die Eröffnung des Sommerbades erfolgte am 11. August 1956. Hier ein Blick auf die Liegewiese des Theresienbades im Jahre 1967.

Garten der Firma Rollinger, Niederhofstraße 37–39, Vivenotgasse, 1904.

„Ein Blick ins Theresienbad", Füchselhofgasse, 1967.

![Garten der Firma Rollinger]

Garten der Firma Rollinger mit Blick zum privaten Wohnhaus, Niederhofstraße 37–39, Vivenot-gasse, 1904.

Die Rastrieranstalt, Buch- und Kunstdruckerei Rollinger, Niederhofstraße 41–43, 1904.

Garten für die Angestellten der Firma Rollinger, Niederhofstraße 41–43, 1904.

Der Fabrikshof der Firma Rollinger in der Niederhofstraße 41–43. Aufnahme aus dem Jahre 1904.

Der Fabriksneubau der Firma Rollinger in der Niederhofstraße 37–39 im Jahre 1906.

Renovierungsarbeiten an der Meidlinger Pfarrkirche „Zum hl. Johannes von Nepomuk", Migazziplatz, 1900.

Fahnenweihe des Gesangvereines „Einigkeit" vor der Meidlinger Pfarrkirche, 1909.

Meidlinger Pfarrkirche „Zum hl. Johannes von Nepomuk", Migazziplatz, Correspondenzkarte, 1908.

Einweihung der Meidlinger Kirchenglocken, Migazziplatz, 1924.

Ein Fronleichnamsumzug am Migazziplatz im Jahre 1902.

Blick von der Albrechtsbergergasse zur Ecke Arndtstraße/Gierstergasse, 1940.

Pfann'sches Bad, mit den Besitzern Käthe und Anton Mandl, 1898.

Schwimmbad des Pfann'schen Bades, um 1900.

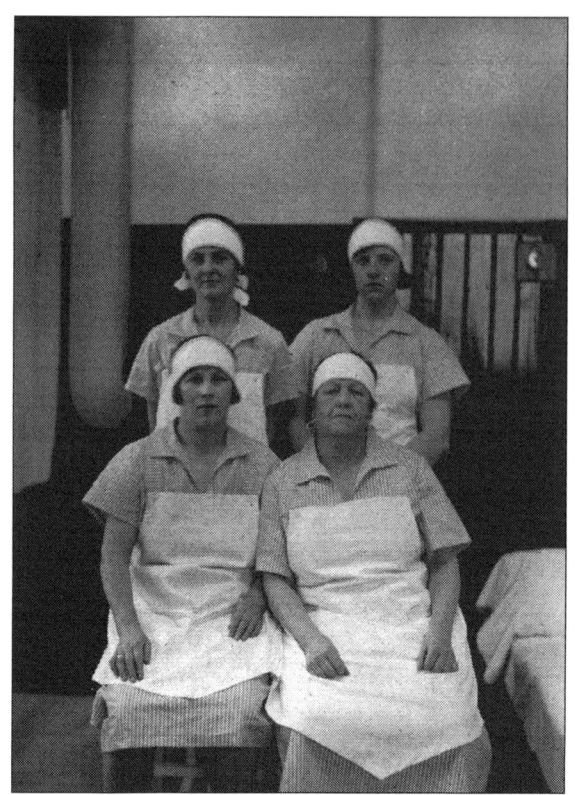

Die „Badedienerinnen" vom Dampfbad
des Pfann'sches Bades, 1931.

Der Wintergarten im Pfann'schen Bad wurde im Jahre 1910 errichtet.

Gastwirtschaft Hans Schadek beim Pfann'schen Bad, Ecke Mandlgasse/Niederhofstraße 14, 1959.

Meidlinger Markt von der Ignazgasse aus gesehen, 1929.

Der Auslaufbrunnen am Meidlinger Markt im Jahre 1927.

Der Meidlinger Markt an der Ecke Reschgasse/Ignazgasse, 1963.

K. Hrdlickas Gastwirtschaft, Ecke Reschgasse 18/Vivenotgasse, 1920.

Ecke Reschgasse/Vivenotgasse, 1959.

Bau des Carl-Lorens-Hofes, Längenfeldgasse 14–18, eröffnet 1929.

Der Carl-Lorens-Hof in der Längenfeldgasse 14–18 auf einer Ansichtskarte aus dem Jahre 1931.

Der Innenhof des Bebelhofes, Steinbauergasse 36, Aufnahme 1931.

Bebelhof, Ecke Steinbauergasse 36/Aßmayergasse, erbaut vom Architekten Oberbaurat Karl Ehn, 1931.

Kreuzung Steinbauergasse/Längenfeldgasse, um 1960. Heute befindet sich auf dem Areal die Hans-Mandl-Berufsschule, die Volkshochschule und das Bezirksmuseum Meidling.

Liebknechthof, Böckhgasse 2–4, 1934.

Mädchen der Volksschulklasse Malfattigasse – Steinbauergasse, ca. 1911.

Kinderfreibad im ersten Meidlinger Gemeindebau, Fuchsenfeldhof, erbaut von den Architekten Heinrich Schmid und Hermann Aichinger, Längenfeldgasse 68, um 1930.

Die Ecke Steinbauergasse 26/Fockygasse auf einer Aufnahme von 1904.

Gasthof Hafner, heute Gastwirtschaft Pauser, Ecke Koflergasse 26/Malfattigasse, 1922.

Feierliche Eröffnung der Wohnhausanlage „Am Fuchsenfeld" (heute Edmund-Reismann-Hof) durch den Wiener Bürgermeister Karl Seitz, 1926.

Wohnhausanlage „Am Fuchsenfeld" (heute Edmund-Reismann-Hof), Längenfeldgasse 31–33, 1926.

Blick auf den Schulgarten im Wilhelmsdorfer Park, Deckergasse 1, 1935. Im Hintergrund ist das lang gestreckte Dach der Tramwayremise Aßmayergasse zu sehen, die hier ab 1893 bestand.

DOPPELBÜRGERSCHULE · XII · NEUWALL· DECKERGASSE·

Doppelbürgerschule Neuwallgasse (heute Karl-Löwe-Gasse), Deckergasse 1/Karl-Löwe-Gasse 20, 1910.

Wilhelmstraße 2, 1942.

Wilhelmstraße mit Blickrichtung Philadelphiabrücke, 1950.

Die Besatzung des Wachzimmers Wilhelmsdorf, Dörfelstraße 11, 1902.

Rettungswagen der Turnerfeuerwehr, Schillergasse 17–19 (heute Vierthalergasse), 1887.

Bannerweihe der Schutzmannschaft der Meidlinger Freiwilligen Turnerfeuerwehr, Vierthaler-gasse 17–19, 1903.

Meidlinger freiwillige Rettungsabteilung, Vierthalergasse 19, 1925.

Musikgruppe des Meidlinger Knabenhortes, um 1922.

Wilhelmsdorfer Lichtspiele, Ecke Wilhelmstraße 38/Zeleborgasse, 1932.

Wilhelmstraße 27a–29 auf einer Aufnahme aus dem Jahre 1930.

Wilhelmstraße mit Blickrichtung in die Zeleborgasse zur Vierthalergasse, 1960.

Philadelphiabrücke mit Blick in die Meidlinger Hauptstraße, 1903.

Eichenstraße mit Blick zur Meidlinger Hauptstraße und Wilhelmstraße im Jahre 1969.

Blick von der Philadelphiabrücke zur Wilhelmstraße und Eichenstraße, um 1900.

Wilhelmstraße 64–68, um 1960.

Blick über die Philadelphiabrücke in die Meidlinger Hauptstraße von der Breitenfurter Straße aus gesehen, 1910.

Im Mai 1937 fand auf der Philadelphiabrücke ein Aufmarsch der Freiwilligen Feuerwehr statt.

Blick auf die Philadelphiabrücke, um 1960.

Blick von der Philadelphiabrücke in die Meidlinger Hauptstraße, um 1960.

„Zum Andenken an das 25jährige Dienst-
jubiläum", gewürdigte Straßenbahner vor
ihrem „8er", 1935.

Meidling Südbahnhof, Eichenstraße, 1960.

Letzte Fahrt der Neuen Wiener Tramwaygesellschaft auf der Vorortelinie, Arbeiterheim, Eichenstraße 52, 1898.

Ecke Murlingengasse/Rothmayergasse, Ansichtskarte, um 1910.

Am 30. Mai 1905 erfolgte die feierliche Einweihung des neuen Teils am Meidlinger Friedhof in Anwesenheit des Thronfolgers Franz Ferdinand.

Die Trainkaserne in der Ruckergasse 62, um 1904.

Pendl's Kaffee-Restaurant Wien X, Schedifka Platz 1. Tel. R 37-0-94. Haltestelle der Badener Electrischen

„Pendl's Kaffee Restauration", Haltestelle der Badner Elektrischen-Bahn, Schedifkaplatz 1, 1902.

Das Kinderfreibad in der Rucker-gasse feierte am 31. Juli 1950 seine Wiedereröffnung.

Das Carl-Ludwig-Gymnasium in der Rosasgasse 1–3, 1908.

Erlgasse 32–34, Bundes-Realgymnasium 12, ehemals Komensky-Vereins-Schule, um 1960.

Familie Fietz-Szloboda, Sattlermeisterbetrieb, Singrienergasse 11, 1911.

Pflasterer von Meidling, 1889.

Die Ecke Ruckergasse 40/Pohlgasse, um 1960.

Ein Tischlerbetrieb in der Ruckergasse, um 1900.

Die Maria-Lourdes-Kirche in der Haschkagasse auf einer Aufnahme aus dem Jahre 1934.

Schönbrunner Schloßstraße mit Schloßkino, 1960.

Gasthaus Mathias Eselberger, Ecke Schönbrunner Straße 232/Schönbrunner Schloßstraße 1, 1890.

Schönbrunner Straße, Blickrichtung gegen Schönbrunn, links Aichholzgasse, 1900.

3

Ober-Meidling

Schönbrunner Straße mit der Blickrichtung zum Meidlinger Tor von Schönbrunn auf einer
Correspondenzkarte aus dem Jahre 1902.

Am 15. Oktober 1907 wurde das Neue Wiener Frauenheim in der Frauenheimgasse 2–4 festlich eingeweiht.

Gartenfest im Neuen Wiener Frauenheim, Frauenheimgasse 2–4, 1910.

Schönbrunner Straße 254–258 auf einer Aufnahme von 1898.

Fronleichnamsumzug auf der Schönbrunner Straße im Jahre 1897.

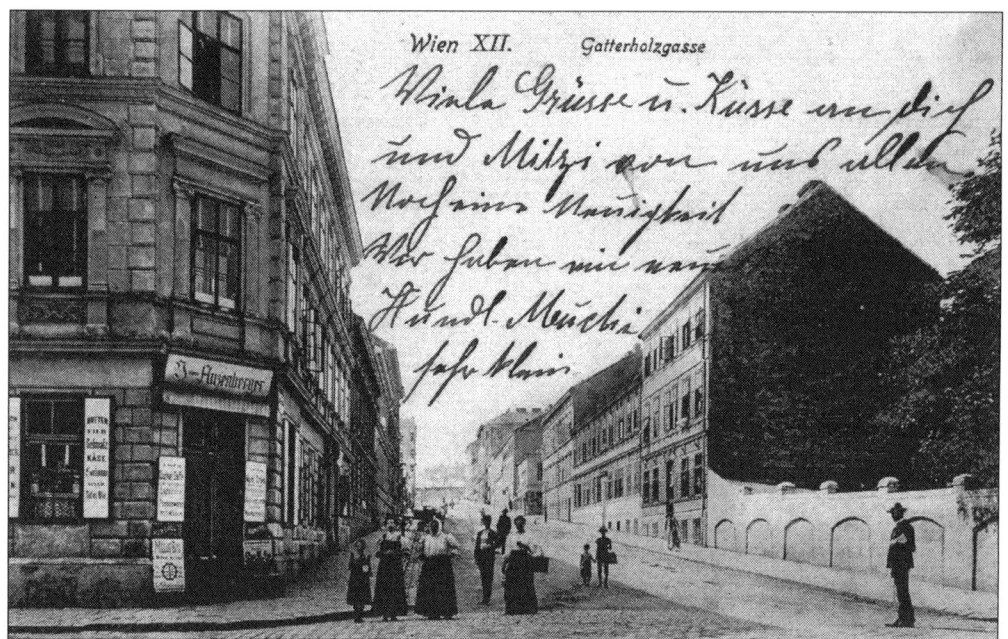

Die Ecke Gatterholzgasse/Tivoligasse auf einer Correspondenzkarte von 1902.

Die Ecke Schwenkgasse/Tivoligasse auf einer Correspondenzkarte von 1908.

Dieses Bild zeigt den „63er" an seinem letzten Betriebstag am 25. Februar 1959 in der Schönbrunner Straße 238.

Schwenkgasse, eine der behördlich genehmigten Rodelstraßen Wiens, 18. Jänner 1960.

Straßensammlung 1917 vor „Weigl's Dreherpark", Schönbrunner Straße 303–307.

Radfahrerclub „Die Schwalben", „Weigl's Dreherpark", 1910.

Die Meidlinger Fußballmannschaft des FC Wacker am 19. Oktober 1912.

Der Sportclub Wacker war in der Saison 1946/47 österreichischer Meister- und Cupsieger.

Villa des Barons Gustav von Springer, heute ist darin die politische Akademie der Österreichischen Volkspartei untergebracht, Tivoligasse 73, 1910.

1. Kaffee-Surrogat-Fabrik Arnold und Guttmann, Ecke Grünbergstraße 41/Fabriksgasse (heute Rechte Wienzeile), 1900.

Im Hof des Gasthauses „Zum Hasen", Burgenländische „Heanzen" mit Hendlkramerwagen, Schönbrunner Straße 282, um 1900.

Karl Kainz' Restauration „Zum alten Hasen", Schönbrunner Straße 282, Ansichtskarte, 1924.

„Weigl's Etablissement Dreherpark", Schönbrunner Straße 303–307, Correspondenzkarte, 1901.

Sport- und Motorradausstellung in „Weigl's Dreherpark", 1924.

Katharinen-Festhalle, „Weigl's Etablissement Dreherpark", Ansichtskarte, 1909.

Sport- und Motorradausstellung in „Weigl's Dreherpark", 1924.

Monster-Zitterkonzert in „Weigl's Dreherpark", 1901.

Theaterbühne im Park von „Weigl's Dreherpark", 1926.

Triumphbogen zu Ehren des 50jährigen Regierungsjubiläums von Kaiser Franz Josef I. vor „Weigl's Dreherpark", Schönbrunner Straße, 1898.

Der letzte Aufmarsch der Bürgerwehr bei „Weigl's Dreherpark", Ecke Grünbergstraße/Schönbrunner Straße, 1917.

Beim Eingang nach Schönbrunn,
Meidlinger Tor, Ecke Schönbrunner Straße/Grünbergstraße, 1961.

Grünbergstraße 3 im Jahre 1905.

Das „Café Schlössl" in der Schönbrunner Straße 309 in der Villa „Xaipe", um 1930. Die 1793 errichtete Villa befand sich bis 1959 – als das Grundstück in einer Grenzbegradigungsaktion dem 13. Bezirk zugeschlagen wurde – auf Meidlinger Grund und war damit die älteste noch bestehende Villa des 12. Bezirks.

Eingang in den Schloßpark Schönbrunn, Meidlinger Tor, Correspondenzkarte, um 1900.

Maria-Theresien-Brücke, Blickrichtung Norden, Grünbergstraße, 1960.

Neubau der Maria-Theresien-Brücke, Blickrichtung Norden, Grünbergstraße, 1962/63.

Neubau der Maria-Theresien-Brücke, Hohenbergstraße, 1963.

Maria-Theresien-Brücke, Hohenbergstraße, 1963.

Die Vergnügungsstätte „Tivoli" in Ober-Meidling, Correspondenzkarte, 1898.

„Burger's Gastwirtschaft" in der Hohenbergstraße, 1932.

Meidlinger Prater am „Tivoli", Haupteingang, heute Gartenstadt „Am Tivoli", Hohenbergstraße,
1930.

Schaukeln im Meidlinger Prater am „Tivoli", heute Gartenstadt „Am Tivoli", Hohenbergstraße,
1930.

Eisstand im Meidlinger Prater am „Tivoli", heute Gartenstadt „Am Tivoli", Hohenbergstraße,
1930.

„Landpartie am Tivoli", 1902.

Das Meidlinger Eichenwäldchen lud zu Spaziergängen ein. Hier der Blick vom Gatterhölzl auf Wien im Jahre 1895.

Kinderspiele am Gatterhölzl, 1895.

Gatterhölzl: Fronleichnamszug vor der Kirche „St. Clemens Maria Hofbauer" im Kriegsspital Nr. 4, heute Gartenstadt „Am Tivoli", 1917.

Gatterhölzl, Heimkrippe der Frauenhilfsabteilung XII, ehemaliges Kriegsspital Nr. 4, 1925.

Hohenfelsplatz: Blick zur alten Gatterhölzl Pfarrkirche, heute Hasenhutgasse, am 22. Februar 1959.

Moldauerkapelle am Gatterhölzl im Jahre 1898.

Die neue Pfarrkirche „St. Clemens Maria Hofbauer", Ecke Hohenbergstraße/Schwenkgasse, 18. April 1959.

Erzbischof Dr. Franz König zelebriert die erste Messe in der neuen Pfarrkirche am Gatterhölzl, Hohenbergstraße, 18. April 1959.

4

Hetzendorf

Die Weinschank von Michael Flexer in der Rosenhügelstraße 27 zählte schon im Jahre 1910 zu den beliebten Ausflugszielen.

Die Ecke Rosenhügelstraße/Hetzendorfer Straße auf einer Postkarte aus dem Jahre 1932.

Die „alte" Volksschule in der Hetzendorfer Straße 138 im Jahre 1990.

Das Backhaus Augustin Schiller an der Ecke Rosenhügelstraße/Hetzendorfer Straße im Jahre 1930.

Hetzendorfer Straße, Blick zur Schönbrunner Schloßallee, Café Siller, 1990.

Rosenkranzkirche in Hetzendorf, Ansicht von Süden, 1926.

Rosenkranzkirche in Hetzendorf, Innenraum zum Hauptaltar, 1934.

Einweihung der Rosenkranzkirche am 2. Oktober 1909, Weihbischof Marschall begrüßt Kaiser Franz Joseph I.

Einweihung der Rosenkranzkirche am 2. Oktober 1909, Ankunft des Bürgermeisters von Wien, Dr. Karl Lueger.

Hetzendorfer Kasino in der Schönbrunner Allee 39 auf einem Foto von 1965.

Schloß Hetzendorf, Hetzendorfer Straße 79, Salon von Erzherzogin Zita, der späteren Kaiserin von Österreich-Ungarn, 1926.

Schloß Hetzendorf, Parkansicht, 1999.

Erzherzog Carl Franz Josef mit Familie im Schloß Hetzendorf, 1913.

Der Bahnhof Hetzendorf in der Eckartsaugasse 2, im Hintergrund die Eisenbahnbrücke über die Altmannsdorfer Straße, um 1950.

Vorführung der Modeschule der Stadt Wien unter dem Motto „Modesignale 66", Pressekonferenz, Schloß Hetzendorf, 1966.

Bahnhof Hetzendorf, Kaiser Franz Joseph I. besteigt eine Kutsche, Eckartsaugasse 2, 1912.

Vorführung der Modeschule der Stadt Wien unter dem Motto „Modesignale 66", Pressekonferenz, Schloß Hetzendorf, 1966.

In der Hetzendorfer Straße 90, an der Ecke zur Schönbrunner Allee, steht das Hugo-Wolf-Haus. Aufnahme aus dem Jahre 1990.

Villa „Pronay", Sommerwohnung Beethovens im Jahre 1823, Hetzendorfer Straße 75, 1909.

Südbahnviadukt, Blickrichtung Altmannsdorf, Hetzendorfer Straße, 1959.

Eisenbahnbrücke, Blickrichtung Altmannsdorf, Hetzendorfer Straße, 1962.

113

Die Hetzendorfer Straße 59–67, Blickrichtung Altmannsdorf, auf einer Aufnahme aus dem Jahre 1959.

Laxenburger Allee, heute Altmannsdorfer Straße, mit Blick in Richtung Süden gegen die Südbahnstation Hetzendorf, 1897.

5

Altmannsdorf

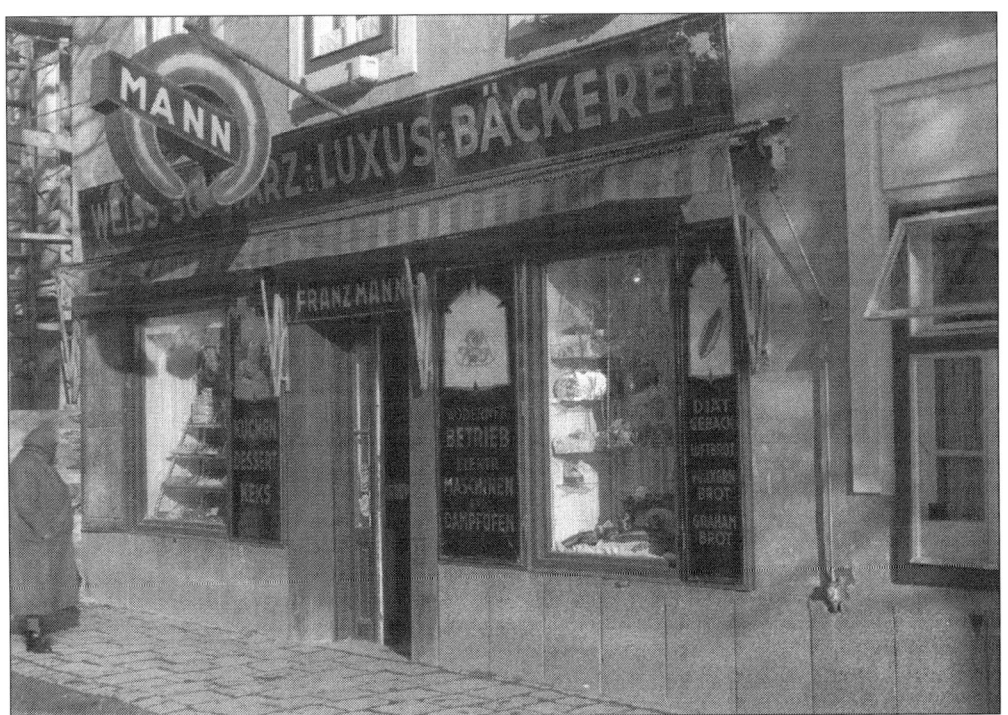

Die Hetzendorfer Straße 30 im Jahre 1962.

Hetzendorfer Straße, Blick von der Altmannsdorfer Straße, 1929.

An der Kreuzung Altmannsdorfer/Hetzendorfer Straße mit der Blickrichtung Altmannsdorf, um 1900.

Hetzendorfer Straße 22 auf
einer Aufnahme aus dem
Jahre 1960.

Die Hetzendorfer Straße 24 im
Jahre 1959.

Johann-Hoffmann-Platz, Blick von der Schule über den Sportplatz nach Osten, 1929.

Die Tapetenfabrik Carl Popper in der Hetzendorfer Straße 27 im Jahre 1909.

Kabel- und Drahtwerke Aktiengesellschaft, Gesamtansicht, Oswaldgasse 33, 1905.

Kabel- und Drahtwerke Aktiengesellschaft, Hauptgebäude in der Oswaldgasse 33, 1998.

Siedlung Hoffingergasse, Gemeinnützige Siedlungsgenossenschaft Altmannsdorf-Hetzendorf, 1930.

Breitenfurterstraße 36, Altmannsdorfer Kino und Gasthaus Frank „Zum Andreas Hofer", Blickrichtung Osten, 1930.

Gartenansicht eines Siedlungshaus der Gemeinnützigen Siedlungsgenossenschaft Altmannsdorf-Hetzendorf in der Hoffingergasse, um 1925.

Breitenfurterstraße 36, Altmannsdorfer Kino und Gasthaus Frank „Zum Andreas Hofer", 1930.

Gruppenfoto der Freiwilligen Feuerwehr Altmannsdorf im Jahre 1890.

Großer Brand in Altmannsdorf am 8. Juli 1927, Hetzendorfer Straße 5 und 7.

Khleslplatz mit Blick in Richtung Oswaldgasse, 1949.

Hofansicht mit „Taubenkobel" am Khleslplatz 3 im Jahre 1929.

Die Pfarrkirche „St. Oswald" am Khleslplatz, 1929.

Altmannsdorf Gemeindegasthaus Johann Zierer, Khleslplatz 1, im Jahre 1929.

Khleslplatz: Schloß Altmannsdorf, links die erste Schule von Altmannsdorf. Aufnahme aus dem Jahre 1930.

Gartenansicht des Altmannsdorfer Schlosses, heute Dr. Karl-Renner-Institut, im Jahre 1999.

Khleslplatz 8 auf einer Correspondenzkarte, um 1910.

Khleslplatz an der Einmündung zur Oswaldgasse im Jahre 1949.

Tierschutzhaus, Hofansicht, Khleslplatz 6, 1958.

Die Volksschule in der Rothen-
burgstraße 1 an der Ecke zur
Hetzendorfer Straße, um 1930.

St.-Anna-Kapelle („Sagederkapelle"), Hetzendorfer Straße, heute Wohnhausanlage der Gemeinde Wien „Am Schöpfwerk", 1960.

„Motorradrennen Am Schöpfwerk", 1954.

Die Heimat entdecken!

Von Kiel bis Wien,
von Aachen bis Görlitz:
Entdecken Sie Alltagsgeschichten
aus Ihrer Heimatstadt!

Leben in der Großstadt ...

Tauchen Sie ein in das quirlige Großstadtleben vergangener Tage. Spazieren Sie über breite Boulevards und stürzen Sie sich ins Nachtleben. Erkunden Sie ihre Stadt durch die Fensterscheiben einer Straßenbahn oder des ersten Käfers und bewundern Sie prächtig geschmückte Schaufenster.

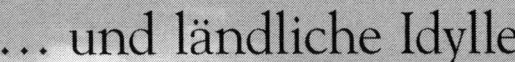

… und ländliche Idylle

Wie sah das Leben in Ihrer Heimat aus, als die Bauern noch mit Pferden pflügten und jedes Dorf seinen eigenen Schmied hatte, jeder noch jeden kannte und das Leben sich zwischen Kirche, Wirtshaus und Wohnküche abspielte?

www.suttonverlag.de

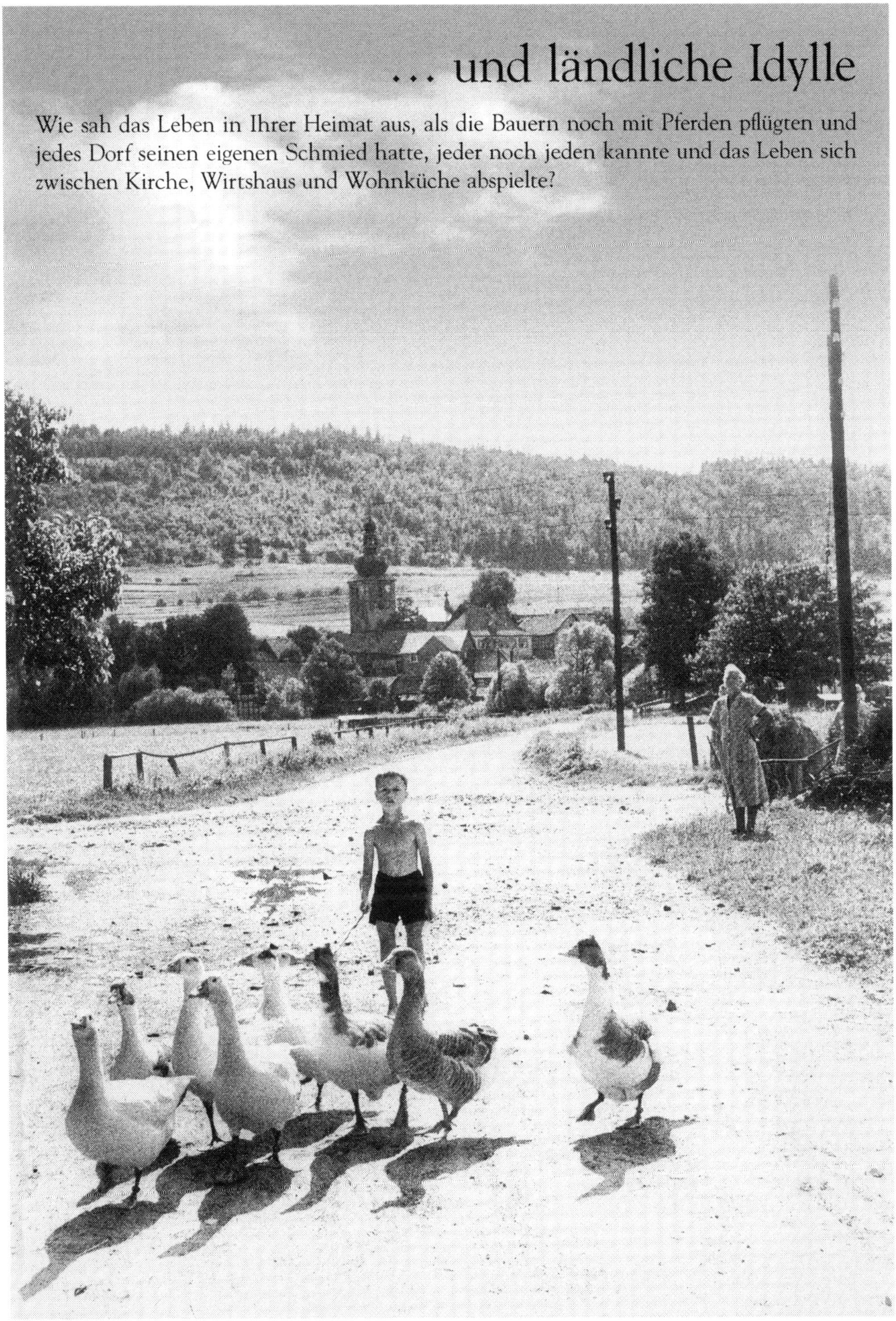

Erinnerungen an die Schulzeit …

Erinnern Sie sich noch an die Zeiten von Abakus und Schiefertafel, an Klassenausflüge oder den ersten Taschenrechner? Blicken Sie zurück auf große Klassen und gestrenge Schulmeister, entdecken Sie auf Klassenfotos Freunde und Bekannte von früher!

... und das Arbeitsleben

Entdecken Sie, wie sich das Arbeitsleben in den letzten hundert Jahren verändert hat. Werfen Sie einen Blick in Fabrikhallen, blicken Sie Handwerksmeistern bei ihrer Arbeit über die Schulter und erinnern Sie sich an den Einkauf im Tante-Emma-Laden.

www.suttonverlag.de

Gesellige Stunden im Verein …

Fußballclub und Schützenverein, Musikkapelle und Gesellenverein: Schauen Sie zurück auf Volksfeste und Turniere, Chorproben oder Prunksitzungen. Erinnern Sie sich an schöne Stunden und das gesellschaftliche Leben in Ihrer Heimat.

... und im Familienkreis

Werfen Sie einen Blick in die Wohnzimmer vergangener Tage und entdecken Sie, wie sich zwischen schweren Eichenmöbeln, Nierentischen und Ikea-Regalen der Alltag verändert hat. Erleben Sie Familienfeiern und Weihnachtsfeste im Wandel der Jahrzehnte mit.

Alltagsgeschichte in historischen Fotos zu über 1000 Regionen, Städten und Gemeinden

Bestellen Sie jetzt
Ihr persönliches Exemplar auf

www.suttonverlag.de

Zeitfracht Medien GmbH
Ferdinand-Jühlke-Straße 7
99095 Erfurt, Deutschland
produktsicherheit@kolibri360.de

Druck:
CPI Druckdienstleistungen GmbH
im Auftrag der
Zeitfracht Medien GmbH
Ein Unternehmen der Zeitfracht - Gruppe
Ferdinand-Jühlke-Str. 7
99095 Erfurt